Cynnwys

©Roy Purnell, Janet O'Neill, Alan Jones ac Alwena Power

Cynlluniwyd y gyfres hon i helpu'r dysgwr araf neu ddisgyblion gydag anawsterau dysgu yng Nghyfnod Allweddol 1 a 2 i ddatblygu sgiliau angenrheidiol arsylwi, rhagfynegi, recordio a dod i gasgliad. Mae'r disgyblion hyn wedi cael eu hesgeuluso'n aml mewn cynlluniau gwaith masnachol confensiynol. Mae'r llyfrau'n cynnwys cymysgedd o dasgau ar bapur a gweithgareddau ymarferol. Defnyddiwyd symbolau i ddangos y gwahanol fathau o weithgareddau:

 Beth i'w wneud

 Meddwl a gwneud

 Darllenwch

 Ymchwiliwch

Mae'r taflenni cefnogi'r Rhaglen Astudio'r Cwricwlwm Cenedlaethol: Sut mae pethau'n gweithio. Mae'r ymchwiliadau ymarferol yn gofyn am ddefnyddiau sydd ar gael yn hawdd yn y rhan fwyaf o ysgolion cynradd. Mae'r gweithgareddau wedi eu gwirio ar gyfer diogelwch, ond, fel pob gweithgaredd dosbarth, cyfrifoldeb yr athro/athrawes dosbarth yw creu asesiad risg gan feddwl am ei d(d)isgyblion ei hun.

Mae'r taflenni fel arfer yn cyflwyno un cysyniad neu ddatganiad Cwricwlwm Cenedlaethol i bob taflen (os nad ydynt yn daflenni adolygu). Cynlluniwyd y taflenni i'w defnyddio gan ddisgyblion unigol neu fel gweithgaredd dosbarth os yw'r dosbarth yn gweithio o fewn yr un amrediad gallu. Gallant gael eu defnyddio mewn unrhyw drefn fel y gallwch ddewis taflen sy'n cydfynd â gofynion y disgybl ar y pryd. Fel gyda phob gweithgaredd sydd wedi ei gyhoeddi, gall y taflenni gael eu haddasu ar gyfer disgyblion neu grwpiau arbennig. Gallant gael eu defnyddio i ategu eich cynlluniau presennol, fel tasg asesu, neu hyd yn oed fel gwaith cartref. Os ydych yn eu defnyddio i asesu, rhaid i chi feddwl am gynllun marcio neu ddangosydd lefel. Fel arfer mae'r taflenni wedi eu cynllunio ar gyfer lefelau 1-3 ond gellir defnyddio rhai ar gyfer lefel 4.

Mae'r taflenni'n defnyddio iaith syml a llinellau du clir yn y lluniau sy'n eu gwneud yn hawdd i'w darllen a'u deall. Maent wedi cael eu profi i wneud yn siwr bod disgyblion gydag anawsterau dysgu yn ei deall. Er bod y taflenni yn defnyddio geirfa gyfyngedig, maent yn annog disgyblion i ymateb yn ysgrifenedig ac i ddatblygu eu sgiliau ysgrifennu.

Nid oes cyfeiriad at unrhyw fath o anabledd gan y dylai'r gweithgareddau apelio at ystod eang o ddisgyblion a thasg yr athro/athrawes yw dewis y ffordd orau i ymateb i anghenion ei d(d)isgyblion. Er enghraifft, gallai'r gweithgareddau gael eu gwneud yn fwy, eu troi'n ddiagramau cyffyrddadwy wedi'u codi neu eu recordio ar dâp sain.

Mae'r pynciau yn y llyfr hwn yn helpu disgyblion i ddeall prosesau ffisegol. Maent yn atgyfnerthu dulliau ymchwil gwyddonol trwy fynnu bod disgyblion yn cynllunio ac yn gwneud gweithgareddau ymarferol, ystyried tystiolaeth, a chyflwyno syniadau a chasgliadau. Mae'r taflenni yn canolbwyntio ar rymoedd a mudiant, trydan, golau a sain, yn ogystal ag ar yr Haul a'r Lleuad a'u perthynas â'r Ddaear.

Mae'r taflenni gwaith yn y llyfr yn gorgyffwrdd a gwelwch fod amryw o'r datganiadau yn y Cwricwlwm Cenedlaethol wedi eu trafod nifer o weithiau mewn gwahanol ffyrdd. Mae hyn yn eich galluogi i ddefnyddio'r taflenni gwaith i ailadrodd gwaith ar wahanol gysyniadau i atgyfnerthu dysgu eich disgyblion. Fodd bynnag, nid yw'r taflenni wedi eu cynllunio ar gyfer unrhyw drefn arbennig. Nid cynllun dysgu ydynt, ond adborth y gallwch ei ddefnyddio i gyfoethogi neu ychwanegu at eich cynllun gwaith arbennig chi yn ôl galwadau eich disgyblion.

Mae rhai taflenni yn annog ateb agored, ac eraill wedi'u cynllunio i arwain disgyblion at ateb arbennig. Mae rhai yn dechrau gyda thasgau hawdd ac yn arwain at weithgareddau atodol anoddach, y rhai a alwn yn 'meddwl a gwneud'. Mae eraill ar un lefel o anhawster. Mae'r amrywiaeth wedi ei gynllunio i roi hyblygrwydd i'r taflenni ac i'ch galluogi i ddewis y daflen fwyaf addas ar gyfer eich disgyblion.

Estyniad a siâp

Darllenwch
Gall **grymoedd** wneud i bethau newid eu siâp.

Beth i'w wneud
Tynnwch lun neu ysgrifennwch beth sy'n digwydd.
Rhowch dic ✓ i ddangos os yw'n **estyniad** neu'n **wasgiad**.

	Tynnwch lun yma	Estyniad	Gwasgiad
Morthwyl Plastisîn			
Lledwr brest i ymarfer			
Clustog meddal			
Neidiwr bynji			

Meddwl a gwneud
Edrychwch ar yr awyren degan yma.
Beth sy'n digwydd i'r band elastig pan yw'r propelor wedi'i weindio?

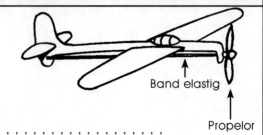

Band elastig

Propelor

. . . .

Beth sy'n digwydd pan yw'r person yn gadael i'r propelor fynd?

. . . .

©Roy Purnell, Janet O'Neill, Alan Jones ac Alwena Power

Grym cryf disgyrchiant

Darllenwch

Grym yw **disgyrchiant**. Mae'n tynnu pethau tua'r ddaear.

Beth i'w wneud

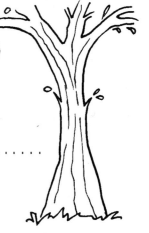

Mae dau afal yn syrthio o'r goeden ar yr un pryd ac o'r un uchder. Mae un afal yn fawr ac un yn fach.

Pa un fyddai'n cyrraedd y ddaear gyntaf? . . . .

Pan mae'r afal yn syrthio o'r goeden, mae'n cael ei dynnu i lawr gan rym **d** . . . .

Gollyngodd dyn o'r enw Galileo belen fawr haearn a phelen fach haearn o ben twr tal Pisa yn Yr Eidal.

Pa un dybiwch chi a darodd y ddaear yn gyntaf?

. . . .

Fe allwch ymchwilio i hyn.

Defnyddiwch ddwy farblen o faint gwahanol a hambwrdd metel.

Gwrandewch ar y 'clonc' fel maen nhw'n glanio ar yr hambwrdd.

Meddwl a gwneud

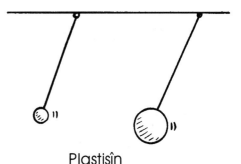

A fyddai'r amser siglo yr un peth i'r ddwy belen blastisîn? Mae ganddynt linyn o'r un hyd.

Amser i 20 siglad.

Plastisîn

Gwrthiant aer

Beth i'w wneud

Mae'r gwynt yn helpu Siân. Beth sy'n digwydd i Ioan?

Mae Ioan yn

. . . .

. . . .

. . . .

Cyfeiriad y gwynt   Siân   Ioan

Sut mae Nia'n defnyddio'r aer i symud?

. . . .

. . . .

. . . .

. . . .

Cyfeiriad y gwynt   Nia

Sut mae'r bachgen ar y parasiwt yn defnyddio'r aer?

. . . .

. . . .

. . . .

Sut mae Tom yn defnyddio'r aer i wneud i'r barcud hedfan?

. . . .

. . . .

. . . .

. . . .

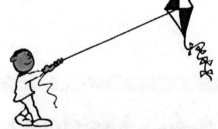

Meddwl a gwneud

Sut mae hedyn dant y llew yn defnyddio'r aer?

Sut mae siâp yr hedyn yn helpu?

Gweithgareddau Ategol **Deall Prosesau Ffisegol**

Beth i'w wneud

Rhestrwch rai **grymoedd** sy'n gweithredu ym mhob un o'r lluniau.

. . . .
. . . .
. . . .

. . . .
. . . .
. . . .

. . . .
. . . .
. . . .

. . . .
. . . .
. . . .

Meddwl a gwneud

Pa rym sy'n gweithredu i atal pethau rhag symud?

ff _ _ _ _ _ _ _

Gallwch dorri'r llythrennau a'u haildrefnu.

i	t	th	ff	n	i	a	r

Cydbwyso grymoedd

 ## Darllenwch

Mae si-so yn cydbwyso pan mae grym ar un ochr yn gyfartal â'r grym ar yr ochr arall.

 ## Ymchwiliwch

Gwnewch si-so gyda phren mesur a phensil. Gwnewch iddo gydbwyso drwy symud y darnau arian.

Tynnwch luniau i ddangos ble dylai'r darnau arian fod i wneud i'r si-so gydbwyso.

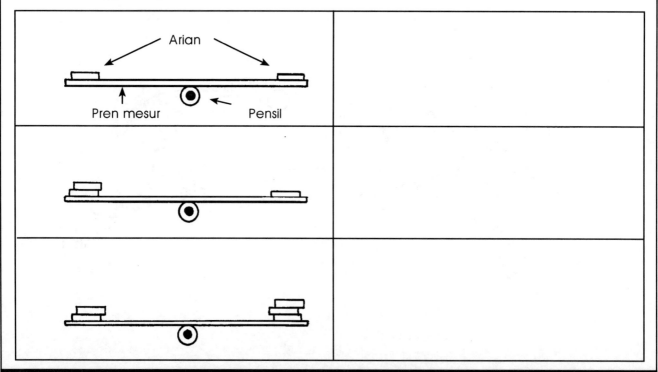

 ## Meddwl a gwneud

Mae màs oedolyn sy'n defnyddio'r si-so ddwywaith gymaint â màs y plentyn.

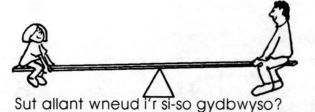

Sut allant wneud i'r si-so gydbwyso?

Tynnwch lun i ddangos beth sy'n digwydd nawr.

Gweithgareddau Ategol **Deall Prosesau Ffisegol**

©Roy Purnell, Janet O'Neill, Alan Jones ac Alwena Power

Gwthio a thynnu

Beth i'w wneud

Beth yw enw'r grym mae Beci'n ei ddefnyddio i symud y troli?

. . . .

Beth yw enw'r grym mae Beci'n ei ddefnyddio i atal y troli rhag symud?

. . . .

Mae'r troli'n llawn o siopa. Beth fydd yn digwydd os yw Beci'n ei ollwng?

. . . .

. . . .

. . . .

Meddwl a gwneud

Tynnwch lun neu ysgrifennwch beth fydd yn digwydd pan fydd Sam yn helpu Beci. Dangoswch gyfeiriad y gwthio a'r tynnu.

Defnyddiau garw

Darllenwch

Mae car sy'n symud yn rhedeg allan o betrol ac yn stopio. Enw'r grym stopio yw **ffrithiant** rhwng yr olwynion a'r ffordd.

Ymchwiliwch

Pa mor bell mae'r car yn mynd?

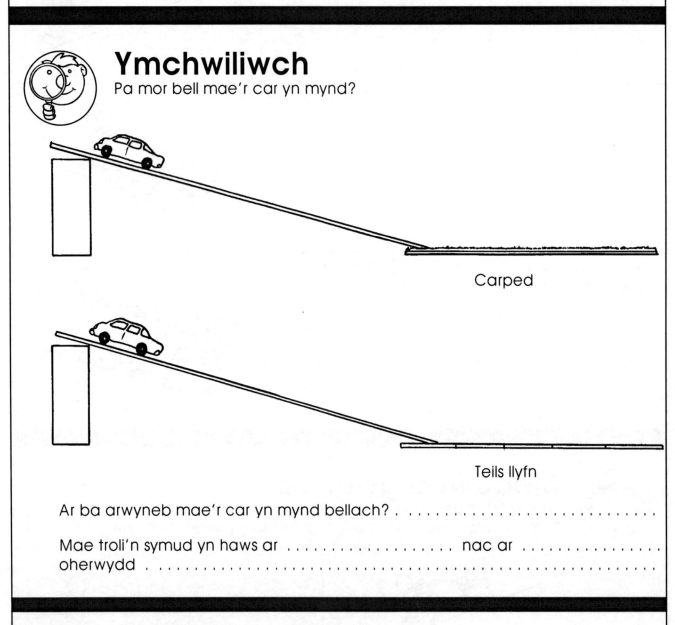

Carped

Teils llyfn

Ar ba arwyneb mae'r car yn mynd bellach? . . . .

Mae troli'n symud yn haws ar . . . . nac ar . . . .
oherwydd . . . .

Meddwl a gwneud

Rhowch ddau reswm pam mae ffyrdd yn wastad ond ychydig yn arw.

1. . . . .

2. . . . .

Beth sy'n digwydd i geir sy'n symud pan fydd rhew ar y ffordd?. . . . .
. . . .

Gweithgareddau Ategol **Deall Prosesau Ffisegol**

Dim ond gan y sefydliad prynu y mae hawl i lun-gopïo'r daflen.

©Roy Purnell, Janet O'Neill, Alan Jones ac Alwena Power

Neidio bynji

Darllenwch

Neidiwr bynji yw Ffred. Mae'n cael ei ddal gan raff drwchus elastig i ben craen uchel iawn.

Beth i'w wneud

Pam nad yw Ffred yn cael ei anafu pan yw'n neidio? . . . .

. . . .

Pam mae'r rhaff wedi ei gwneud o elastig yn hytrach na rhaff gyffredin?

. . . .

Defnyddiwch y geiriau canlynol i orffen y brawddegau isod:

ymestyn	tynnu	arafu	disgyrchiant	hirach

1. Mae'r rhaff yn **y** . . . . ac yn mynd yn **h** . . . . pan mae Ffred yn neidio.
2. Pan mae'r rhaff yn ymestyn, mae'n **a** . . . . cwymp Ffred.
3. **D** . . . . sy'n tynnu Ffred i lawr.
4. Mae estyniad y rhaff yn **t** . . . . Ffred i fyny.

Meddwl a gwneud

Mae Sabita ddwywaith cyn drymed â Ffred.

Beth sy'n digwydd os bydd Sabita'n defnyddio'r un rhaff bynji?

Mae masau mwy ar y rhaff yn ymestyn y rhaff elastig **mwy** ☐   **llai** ☐

Ticiwch y bocs cywir.

Pethau sy'n symud

Beth i'w wneud

Ysgrifennwch **gwthio** neu **tynnu** i ddangos beth sy'n digwydd ym mhob llun.

Sut mae Gareth yn gwisgo'i sannau?

Sut mae Sali'n symud y piano?

Sut mae Mari'n symud y bygi?

Sut mae Jac yn symud y sip i lawr?

Sut mae'r ceffyl yn symud y cart?

Sut mae'r dyn yn symud y car?

Meddwl a gwneud

Gwthio neu tynnu? Ysgrifennwch y gair cywir.

1. Sut ydym yn agor drws cwpwrdd? . . . .

2. Sut ydym yn gwisgo trowsus? . . . .

3. Chwaraewyr rygbi mewn sgrym. . . . .

Gweithgareddau Ategol **Deall Prosesau Ffisegol**

©Roy Purnell, Janet O'Neill, Alan Jones ac Alwena Power

Beth mae grymoedd yn ei wneud?

Darllenwch
Ni allwch weld grym, ond gallwch weld beth mae grym yn ei wneud.

Beth i'w wneud
Mae grymoedd yn cael eu defnyddio yn y lluniau yma.
Dangoswch gyfeiriad y grymoedd.

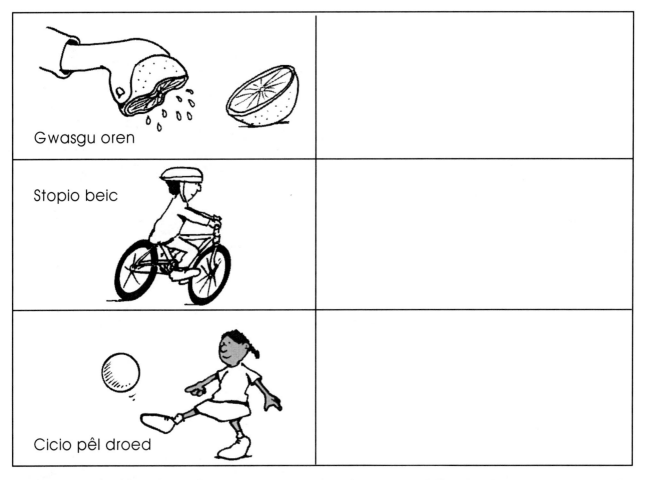

Gwasgu oren	
Stopio beic	
Cicio pêl droed	

Meddwl a gwneud
Pa rym sy'n gwneud i'r plentyn lithro i lawr sleid?

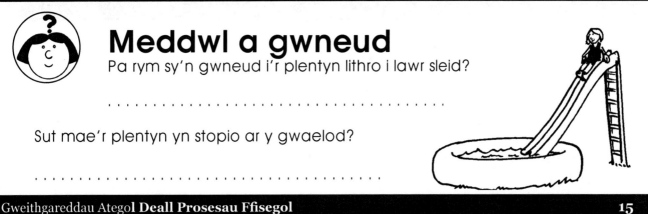

. . . .

Sut mae'r plentyn yn stopio ar y gwaelod?

. . . .

Cyfeiriad grymoedd

Darllenwch

Mae grym y gwynt yn gallu symud cwch hwyliau ymlaen. Mae'r saeth yn dangos cyfeiriad y grym.

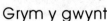

Grym y gwynt

Beth i'w wneud

Rhowch saethau ar y lluniau i ddangos cyfeiriad y grymoedd.

Dyn yn gwthio bygi

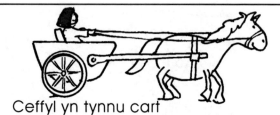

Ceffyl yn tynnu cart

Merch yn symud sled

Menyw yn gwthio car

Bachgen yn tynnu pysgodyn o'r dŵr

Gwynt yn chwythu coeden

Aderyn yn tynnu mwydyn o'r ddaear

Ci'n tynnu lliain bwrdd

Meddwl a gwneud

Mae Mair yn codi ei bag ysgol trwm o'r llawr.

Tynnwch lun i ddangos beth mae hi'n ei wneud.

Rhowch saethau i ddangos cyfeiriad y grym.

©Roy Purnell, Janet O'Neill, Alan Jones ac Alwena Power

Cyfartal a chroes

Darllenwch
Mae dau dîm tynnu rhaff yn tynnu mewn cyfeiriadau gwahanol.

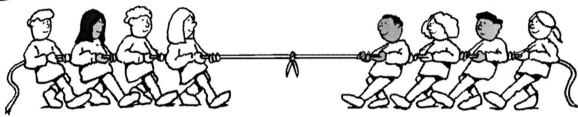

Tîm A   Tîm B

Pan yw'r ddau rym yr un fath, nid yw'r timau'n symud.
Mae Tîm A yn gweithio yn erbyn Tîm B.

Beth i'w wneud
Mae person ychwanegol yn nhîm A
Ysgrifennwch neu tynnwch lun o beth sy'n digwydd.

Defnyddiwch y geiriau canlynol i gwblhau'r brawddegau.

un   croes

Gall grymoedd helpu ei gilydd os ydynt yn mynd i'r . . . . cyfeiriad.

Gall grymoedd cydbwyso ei gilydd os ydynt yn mynd i'r cyfeiriad . . . .

Meddwl a gwneud
Pam mae defnyddio dwy law i godi bwced drom
yn haws na defnyddio un llaw?

Gweithgareddau Ategol **Deall Prosesau Ffisegol**   **17**

Grymoedd mewn cyhyrau

 ## Beth i'w wneud

Edrychwch ar y lluniau o gyhyrau'n gweithio.
Dangoswch gyfeiriad grym y cyhyrau gyda saethau.

 ## Meddwl a gwneud

Meddyliwch am enghraifft arall a thynnwch ei lun.

Gweithgareddau Ategol **Deall Prosesau Ffisegol**

©Roy Purnell, Janet O'Neill, Alan Jones ac Alwena Power

Magnedau

Darllenwch

Gall magned godi clipiau papur haearn.
Pan fydd yn gwneud hyn, mae grym atyniadol
y magned yn gryfach na grym disgyrchiant.

Ymchwiliwch

Mae nifer o siapau magned gwahanol.

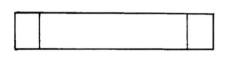

Bar

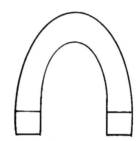

Pedol

Magned cylch

Pegwn y Gogledd yw enw un pen.

Pegwn y De yw enw'r pen arall.

Ydy'r grym atyniadol yr un peth yn y ddau ben?

Defnyddiwch glipiau papur haearn i ymchwilio i hyn.

Meddwl a gwneud

Ble byddwch yn defnyddio magnedau yn y cartref?

. . . .

. . . .

. . . .

. . . .

. . . .

Magnedau – gwthio neu dynnu?

Ymchwiliwch

Defnyddiwch fagnedau i wneud hyn.

Yn gyntaf, rhagfynegwch os y byddant yn **gwrthyrru** (gwthio i ffwrdd) neu'n **atynnu** (tynnu at ei gilydd).

	Fy rhagfynegiad	Beth ddigwyddodd?
Rhowch ddau ben gwahanol y magned yn agos at ei gilydd.		
Rhowch ddau ben tebyg y magnedau at ei gilydd.		
Rhowch un magned ar ben y llall, gan gydweddu'r lliwiau.		

Beth i'w wneud

Defnyddiwch **Gogledd** neu **De** i gwblhau'r brawddegau:

1. Mae pegwn y . . . . yn atynnu pegwn y De.
2. Mae pegwn y Gogledd yn gwrthyrru pegwn y . . . .
3. Mae pegwn y De yn gwrthyrru pegwn y . . . .

Meddwl a gwneud

Pwyntydd magnetaidd ar bin yw cwmpawd.
Mae'r pwyntydd yn gallu symud o gwmpas yn rhydd.
Tynnwch lun y pwyntydd ar siâp y cwmpawd.

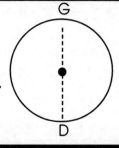

Geiriau grym

Beth i'w wneud

Rhowch dic ✓ wrth y geiriau y defnyddiwn i ddisgrifio **grym**.

disgyrchiant ☐   tynnu ☐   dafad ☐   sebra ☐

gwthio ☐   radio ☐   gwasgu ☐   mat ☐

newid siâp ☐   bwyd ☐   dechrau ☐   sbring ☐

stopio ☐   ffenestr ☐   afal ☐   brecio ☐

symud ☐   elastig ☐   ymestyn ☐   codi ☐

oren ☐   ffrithiant ☐   ystafell dysgu ☐   clorian sbring ☐

papur ☐   pwnio ☐   pensil ☐   cyflymder ☐

newid cyfeiriad ☐

Trydan defnyddiol

Darllenwch

Mae trydan yn dod o fatris neu orsafoedd trydan. Y trydan o orsafoedd trydan yw trydan o'r **brif ffrwd**.

Beth i'w wneud

Defnyddiwch y geiriau hyn i gwblhau'r brawddegau.

bylb

tegell

peiriant golchi

cyfrifiannell

cath

teledu

radio

1. Mae **r** . . . . .yn defnyddio trydan.

2. Mae **b**. . . . . yn defnyddio trydan i greu golau.

3. Mae **t** . . . . yn defnyddio trydan i greu llun.

4. Mae **p** . . . .**g** . . . . yn defnyddio trydan i lanhau dillad.

5. Mae **t** . . . . yn defnyddio trydan i ferwi dŵr.

6. Mae **c** . . . . yn defnyddio egni o fwyd.

7. Mae **c** . . . . yn defnyddio trydan i wneud symiau.

Meddwl a gwneud

Meddyliwch am rywbeth newydd sy'n defnyddio batri i greu trydan. Meddyliwch am rywbeth newydd sy'n defnyddio trydan o'r brif ffrwd.

Ysgrifennwch frawddeg am bob un ar gefn y daflen hon.

Gweithgareddau Ategol **Deall Prosesau Ffisegol**

©Roy Purnell, Janet O'Neill, Alan Jones ac Alwena Power

A fydd y bylb yn goleuo?

Darllenwch

I fylb oleuo mae'n **rhaid** cael cylched cyflawn.
Rhaid i'r trydan fynd o'r batri, drwy'r wifren, drwy'r bylb ac yn ôl i'r batri.

Beth i'w wneud

Dilynwch lwybr y trydan gyda'ch bys.
Gallwch ymchwilio i hyn os y mynnwch.

A fydd y bylb yn goleuo?

Bydd ☐   Na fydd ☐

A fydd y bylb yn goleuo?

Bydd ☐   Na fydd ☐

A fydd y bylb yn goleuo?

Bydd ☐   Na fydd ☐

A fydd y bylb yn goleuo?

Bydd ☐   Na fydd ☐

Meddwl a gwneud

Tynnwch lun y gwifrau i
wneud i'r bylb oleuo.

Beth i'w wneud

Edrychwch ar y lluniau. Rhagfynegwch os bydd y bylbiau'n goleuo.

Gwnewch y cylchedau i weld os oeddech yn gywir.

	Fy rhagfynegiad	Beth ddigwyddodd?
	Ymlaen / I ffwrdd	Ymlaen / I ffwrdd
	Ymlaen / I ffwrdd	Ymlaen / I ffwrdd
	Ymlaen / I ffwrdd	Ymlaen / I ffwrdd
	Ymlaen / I ffwrdd	Ymlaen / I ffwrdd
	Ymlaen / I ffwrdd	Ymlaen / I ffwrdd

Meddwl a gwneud

Tynnwch lun gylched gyda thri bylb. Sicrhewch y bydd y tri bylb yn goleuo.

©Roy Purnell, Janet O'Neill, Alan Jones ac Alwena Power

Llwybr trydan neu beidio?

Darllenwch

Mae trydan yn mynd trwy fetel.
Nid yw'n mynd yn hawdd drwy blastig, pren, brics na choncrit.

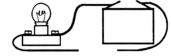

Beth i'w wneud

Edrychwch ar y lluniau. Rhagfynegwch pa
bethau fydd yn gadael trydan drwodd. Gwnewch gylched.
Ychwanegwch bob un i'r gylched yn y bwlch i weld os oeddech yn gywir.

		Fy rhagfynegiad Bydd y bylb . . .	Beth ddigwyddodd? Mae'r bylb . . .
Hoelen haearn		Ymlaen / I ffwrdd	Ymlaen /I ffwrdd
Llwy blastig		Ymlaen / I ffwrdd	Ymlaen /I ffwrdd
Llwy fetel		Ymlaen / I ffwrdd	Ymlaen /I ffwrdd
Pren		Ymlaen / I ffwrdd	Ymlaen /I ffwrdd
Arian		Ymlaen / I ffwrdd	Ymlaen /I ffwrdd
Gwlân cotwm		Ymlaen / I ffwrdd	Ymlaen /I ffwrdd

Meddwl a gwneud

Dargludyddion yw'r enw ar bethau sy'n gadael i drydan fynd
drwyddynt.

Pam mae plastig yn gorchuddio gwifrau trydan metel?

. . . .

Sut i wanhau bylbiau

Darllenwch

Mae batris yn gwthio trydan o amgylch cylchedau trwy wifrau a bylbiau.

Mae'n anoddach gwthio trydan trwy fylbiau na thrwy wifrau.

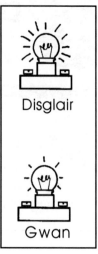

Disglair

Gwan

Un bylb

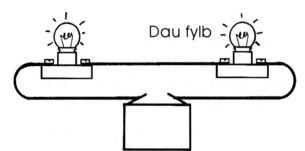

Dau fylb

Mae'n anoddach gwthio trydan trwy wifrau hir iawn na thrwy wifrau byr.

Gwifren fer

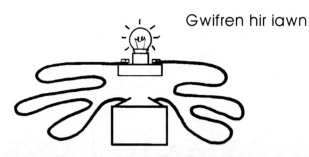

Gwifren hir iawn

Beth i'w wneud

Ym mha gylched fydd y bylb **fwyaf disglair** A, B neu C?

Ateb

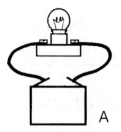

A

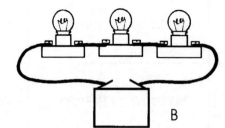

B

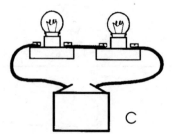

C

Ym mha gylched fydd y bylb **wannaf** A neu B?

Ateb

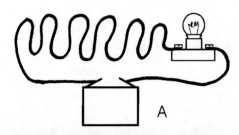

A

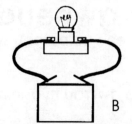

B

©Roy Purnell, Janet O'Neill, Alan Jones ac Alwena Power

Bylbiau gwan a disglair

Darllenwch

Mae batris yn gwthio trydan o amgylch cylched.
Pan gysylltir dau fatri mewn cylched,
mae'r gwthiad ddwywaith cyn gryfed.
O ganlyniad mae'r bylb yn fwy disglair.

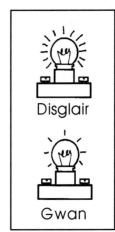

Disglair

Gwan

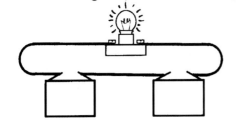 

Mae gan ddau fatri a dau fylb yr un disgleirdeb ag un bylb ac un batri.

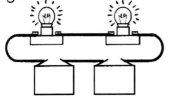 

Bydd tri bylb a thri batri yn fwy disglair na dau fatri a thri bylb.

Beth i'w wneud

Tynnwch lun cylched gyda dau fylb a thri batri.

Edrychwch ar y cylchedau hyn:
Ym mha un mae'r bylbiau fwyaf disglair? . . . .
Ym mha un mae'r bylbiau leiaf disglair? . . . .

A 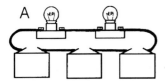 B 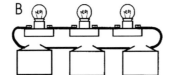 C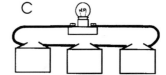

RHYBUDD: Os defnyddiwch ormod o fatris, fe all y bylbiau chwythu. Gall y trydan doddi'r wifren yn y bylbiau.

Switshis

Beth i'w wneud

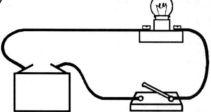

Beth sy'n digwydd i'r bylb os yw'r switsh wedi cau?

. . . .

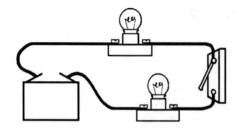

Beth sy'n digwydd i'r bylbiau os yw'r switsh wedi cau?

. . . .

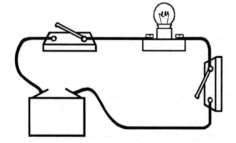

Beth sy'n digwydd os yw un switsh wedi cau?

. . . .

Beth sy'n digwydd os yw'r ddau switsh wedi cau?

. . . .

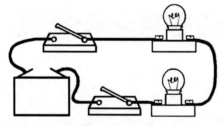

Fe allwch ymchwilio i hyn.

Beth sy'n digwydd os yw un switsh wedi cau?

. . . .

Beth sy'n digwydd os yw'r ddau switsh wedi cau?

. . . .

Meddwl a gwneud

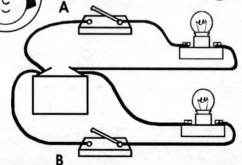

Beth sy'n digwydd os yw switsh **A** wedi cau?

. . . .

Beth sy'n digwydd os yw'r ddau switsh wedi cau?

. . . .

©Roy Purnell, Janet O'Neill, Alan Jones ac Alwena Power

Diagramau cylched

Darllenwch

Mae gwyddonwyr yn tynnu cynlluniau o gylchedau.
Gelwir hwy'n **ddiagramau cylched**.
Mae symbol gwahanol i bob peth yn y gylched.

Llun	=	Enw	=	Symbol
	=	gwifren	=	
	=	batri	=	
	=	bylb	=	
	=	switsh	=	

Bydd gan fatri sydd wedi'i gysylltu â bylb ddiagram cylched fel hyn:

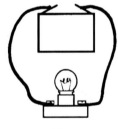

Llun

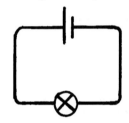

Diagram cylched

Meddwl a gwneud

Tynnwch lun diagramau cylched ar gyfer y cylchedau hyn.

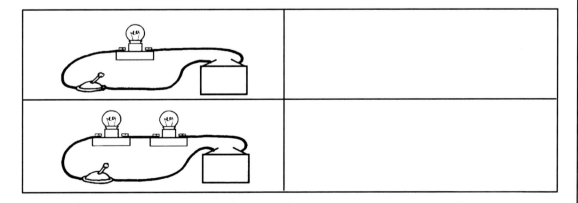

Mwy o ddiagramau cylched

Darllenwch
Ystyr yn **olynol** yw cysylltu mewn llinell.
Mae'r ddau fatri wedi'u cysylltu yn olynol.

Gallwn dynnu llun i ddangos pethau trydanol wedi'u cysylltu.

	Llun		**Diagram**
Mae dau fatri		yn edrych fel	
Mae dau fylb	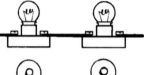	yn edrych fel	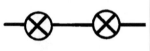
Mae dau fotor		yn edrych fel	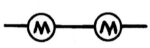

Byddai diagram cylched am gylched gyda dau fatri a dau fylb wedi'u cysylltu yn olynol yn edrych fel hyn:

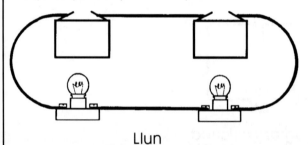

Llun   Diagram cylched

Beth i'w wneud
1. Tynnwch lun diagram cylched o un batri a dau fotor wedi'u cysylltu yn olynol.

2. Tynnwch lun diagram cylched o ddau fatri, dau fylb a switsh wedi'u cysylltu yn olynol.

Symbolau a lluniau trydan

Beth i'w wneud

Cysylltwch y geiriau gyda'r lluniau a'r symbolau. Mae un wedi'i wneud yn barod.

Lluniau	Geiriau	Symbolau

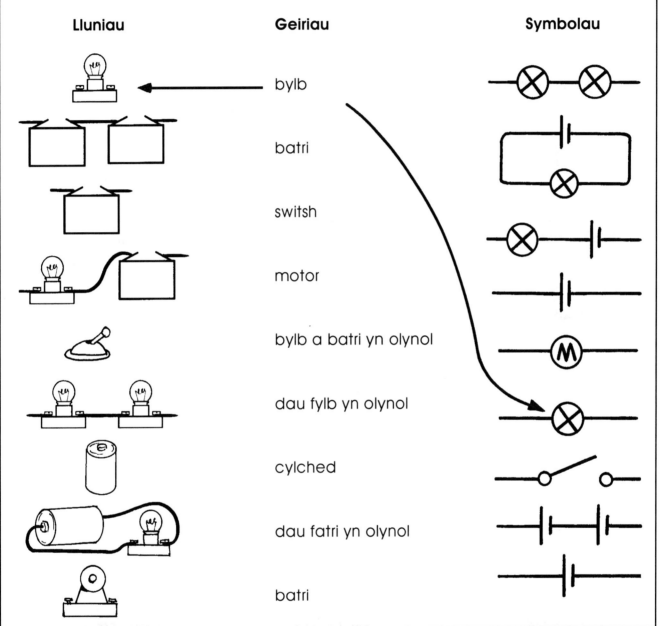

bylb

batri

switsh

motor

bylb a batri yn olynol

dau fylb yn olynol

cylched

dau fatri yn olynol

batri

Meddwl a gwneud

Tynnwch lun diagram cylched gydag un motor, un switsh ac un batri.

Geirfa trydan

Beth i'w wneud

Rhowch dic ✓ ger y pethau sydd angen trydan i weithio.

dafad ☐   bylb ☐   coeden ☐

goleuadau Nadolig ☐   blodyn ☐   gwifren ☐

cath ☐   motor ☐   lolipop ☐

teledu ☐   wal ☐   switsh ☐

bara ☐   radio ☐   ffordd ☐

cloch drws ☐   drws ☐   oergell ☐

tortsh ☐   cyfrifiadur ☐   golau stryd ☐

cebl ☐   priflamp car ☐   ci ☐

cylched ☐   sugnwr llwch ☐   tân glo ☐

trên danddaear ☐   batri ☐   goleuadau traffig ☐

llyfr ☐

Gweithgareddau Ategol **Deall Prosesau Ffisegol**

©Roy Purnell, Janet O'Neill, Alan Jones ac Alwena Power

Sut allwn ni weld pethau?

Darllenwch

Gallwch weld rhywbeth sy'n rhoi golau,
fel cannwyll.
Gelwir y gannwyll yn **olau**.

Gallwch weld unrhywbeth mae golau'n neidio oddi arno, fel coeden.

Ni allwch weld os yw'n hollol dywyll.

Mwgwd

Beth i'w wneud

Tynnwch linellau golau i ddangos pam mae Sam yn gallu gweld
Aled.

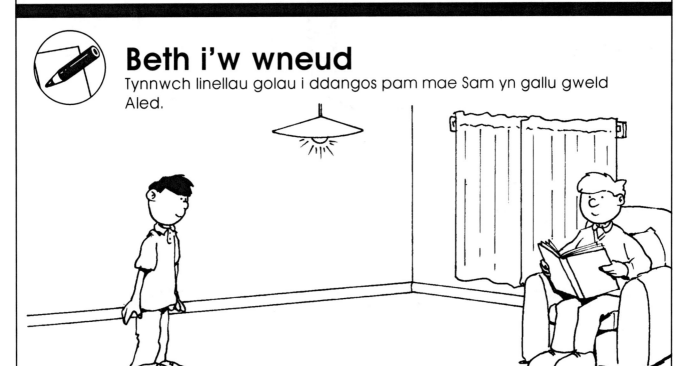

Sam

Aled

Meddwl a gwneud

Tynnwch linellau i ddangos sut mae Sam
yn gallu gweld y golau hyd yn oed
pan mae wedi troi'i gefn.

golau

Sam

drych

Cynhyrchwyr golau

Beth i'w wneud

Rhowch dic ✓ger y pethau sy'n cynhyrchu golau.

Haul ☐

Ci ☐

Bylb sydd ymlaen ☐

Cwmwl ☐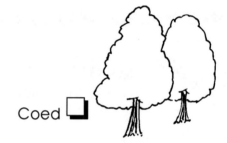

Tân ☐

Goleuadau traffig ☐

Coed ☐

Teledu ☐

Drych ☐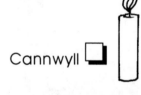

Cannwyll ☐

Meddwl a gwneud

Rhestrwch yr holl ffyrdd gwahanol o oleuo ystafell dywyll.

. . . .

. . . .

. . . .

. . . .

. . . .

. . . .

. . . .

Gweithgareddau Ategol **Deall Prosesau Ffisegol**

©Roy Purnell, Janet O'Neill, Alan Jones ac Alwena Power

Cysgodion

Darllenwch

Mae cysgod yn cael ei greu pan nad yw golau'n mynd trwy bethau.

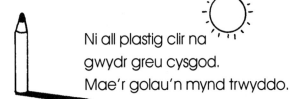

Gall pensil greu cysgod

Ni all plastig clir na gwydr greu cysgod. Mae'r golau'n mynd trwyddo.

Beth i'w wneud

Tynnwch lun cysgod y cerdyn.

Cerdyn

Tynnwch lun cysgod y goeden.

Mae'r cysgod yn edrych yn debyg i siâp y peth ei hun.
Mae'r cysgod yn cael ei greu am fod y golau'n cael ei gau allan.

Meddwl a gwneud

Pam mae gan gysgod cath yr un siâp â chath?

Tynnwch lun i ddangos hyn.

Darllenwch

Gallwn weld y pensil oherwydd fod y drych yn adlewyrchu'r golau'n ôl i'n llygaid.

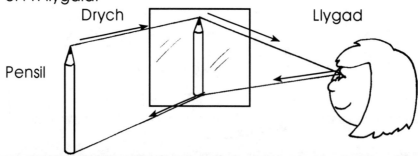

Drych   Llygad

Pensil

Beth i'w wneud

Dangoswch ble mae'n rhaid i'r drych fod er mwyn i chi weld rownd y gornel.

Pensil

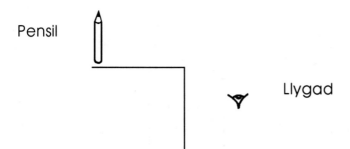

Llygad

Tynnwch lun ddau ddrych fel y gallwch weld y pensil.

Pensil

Llygad

Mae'r pensil y tu ôl i chi. Ble mae'n rhaid i'r drych fynd?

Pensil   Llygad

Beth i'w wneud

Pa eiriau a ddefnyddiwn i siarad am olau? Dewch o hyd iddynt.
Mae'r geiriau wedi'u rhestru o dan y grid.

g	a	m	d	r	y	ch	c	b	c
l	d	e	f	g	ll	h	o	i	l
a	d	l	e	w	y	r	ch	u	m
s	n	y	p	r	g	w	y	r	dd
o	s	n	u	t	a	y	w	ff	t
f	i	o	l	e	d	o	c	m	p
w	r	i	n	d	i	g	o	o	o
d	i	s	g	l	e	i	r	i	o
a	c	y	s	g	o	d	e	e	d
d	w	m	e	l	y	i	n	n	t

disgleirio	llygad	cysgod
coch	adlewyrchu	oren
drych	gwyrdd	melyn
glas	indigo	fioled

Creu seiniau

Beth i'w wneud

Sut all y canlynol greu seiniau?
Defnyddiwch y geiriau hyn:

plycio	ysgwyd	taro
curo	chwythu	bwrw

Recorder

ch _ _ _ _

Symbalau

b _ _ _

Maracas

y _ _ _ _ _

Triongl

t _ _ _

Gitâr

p _ _ _ _ _

Drwm

c _ _ _

Meddwl a gwneud

1. I greu sain uwch ar y
   drwm rhaid ei fwrw'n **g** _ _ _ _ _ _.

2. I greu sain uwch ar y recorder
   rhaid ei **ch** _ _ _ _ 'n galetach.

©Roy Purnell, Janet O'Neill, Alan Jones ac Alwena Power

Dirgryniadau da

Beth i'w wneud

Rhowch ronynnau reis ar groen drwm.
Curwch y drwm.
Tynnwch lun i ddangos beth sy'n digwydd i'r reis.

A sylwoch chi fod croen y drwm yn symud?   Do ☐   Naddo ☐

Mae croen y drwm yn **dirgrynu** i fyny ac i lawr.

Ymchwiliwch

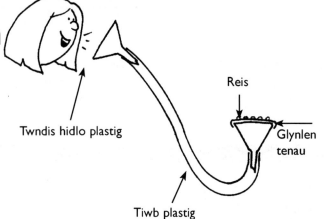

Twndis hidlo plastig

Reis

Glynlen tenau

Tiwb plastig

Gwnewch hyn:

Siaradwch i mewn i'r pen agored.

Beth sy'n digwydd i'r gronynnau reis?

. . . .

Beth sydd wedi achosi i'r reis symud?

. . . .

Allech chi weld y plastig yn **dirgrynu**?   Gallaf ☐   Ni allaf ☐

Mae'n gweithio ychydig fel meicroffon.

Meddwl a gwneud

Sut mae newid y nodyn y mae'r drwm yn ei greu?

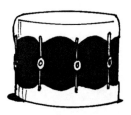

Beth i'w wneud

Mae radio yn chwarae miwsig uchel yn yr ystafell agosaf at eich ystafell ddosbarth.

Gallwch glywed y miwsig o'ch ystafell.

Defnyddiwch y geiriau hyn i orffen y brawddegau:

aer	pren	gwydr	ffenestr

Mae'r sain yn mynd yn hawdd drwy'r **a** . . . . yn yr ystafelloedd.
Mae'r sain yn mynd yn llai hawdd drwy'r **g** . . . . yn y ffenestri.
Mae'r sain yn mynd drwy ffrâm y **ff** . . . .
Mae'r sain yn mynd drwy'r **p** . . . . yn y llawr.

Meddwl a gwneud

Trowch y radio arno'n dawel. Rhowch mewn bocs cardbord.

Ydych chi'n dal i'w glywed?   Ydw ☐   Nac ydw ☐

Gorchuddiwch y radio gyda defnyddiau gwahanol.
Dewiswch y defnydd gorau i leihau'r sain.
Y defnydd gorau i leihau'r sain yw . . . .

    ©Roy Purnell, Janet O'Neill, Alan Jones ac Alwena Power

Traw

Beth i'w wneud

Mae tri band elastig yn cael eu hymestyn a'u plycio. Gan ba un mae'r traw uchaf?
Ticiwch y bocs cywir.

Gan ba chwiban mae'r traw uchaf? Ticiwch y bocs cywir.

Chwythwch yma   Gwthiwch

Pa bren mesur sydd â'r traw uchaf wedi iddo gael ei daro? Ticiwch y bocs cywir.

Twang

Fe allwch ymchwilio i hyn.

Beth i'w wneud

Ail drefnwch y llythrennau i greu geiriau a ddefnyddiwn i siarad am sain.

wîns		dwrm	
dilffi		trempyd	
râgit		uelch	
raiod		troômbn	
awlte		iwsimg	
samarac		lusct	
tirlong		ausybmal	
decorerr		piona	

©Roy Purnell, Janet O'Neill, Alan Jones ac Alwena Power

Beth i'w wneud

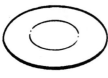

Plât

Oren

Bocs

Mae'r Ddaear, y Lleuad a'r Haul yr un siâp â'r . . . .

P'un yw p'un? Rhowch dic ger y gair cywir.

Mae'r Ddaear yn symud o gwmpas   yr Haul ☐   y Lleuad ☐

Mae'r Lleuad yn symud o gwmpas   yr Haul ☐   y Ddaear ☐

Mae planedau, fel Mawrth, yn symud o gwmpas

y Ddaear ☐   y Lleuad ☐   yr Haul ☐

Labelwch y diagram i ddangos yr Haul, y Lleuad a'r Ddaear.

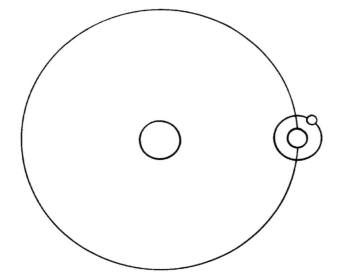

Meddwl a gwneud
Ychwanegwch y planedau Gwener, Mercher a Mawrth i'r diagram uchod.

Y Ddaear yn troelli

Darllenwch

Rydym yn byw ar blaned a enwir y Ddaear.
Edrychwch ar y llun i weld ble rydym yn byw.

Mae'r Deyrnas Unedig yma.

Mae'r Ddaear yn cylchdroi unwaith pob 24 awr (neu 1 diwrnod).
Mewn hanner diwrnod mae'r Ddaear yn cylchdroi hanner ffordd.

Sawl awr mae hyn yn ei gymryd? . . . .

Beth i'w wneud

Os ydym yn gwynebu'r Haul, mae hi'n ddydd.
Os nad ydym yn gwynebu'r Haul, mae hi'n nos.

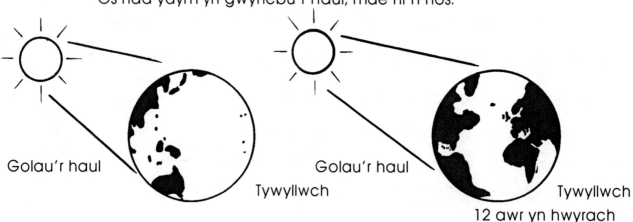

Golau'r haul

Tywyllwch

Golau'r haul

Tywyllwch

12 awr yn hwyrach

Lliwiwch y rhannau o'r Ddaear sydd mewn tywyllwch ym mhob llun.

Meddwl a gwneud

Esboniwch pam mae hi'n oer yn
ystod y nos.

. . . .

. . . .

. . . .

Beth sy'n digwydd i'r dydd a'r nos ym mhegynnau'r Gogledd a'r De?

. . . .

. . . .

Gweithgareddau Ategol **Deall Prosesau Ffisegol**

©Roy Purnell, Janet O'Neill, Alan Jones ac Alwena Power

Mae'r Haul fel petai'n symud

Darllenwch

Am fod y Ddaear yn cylchdroi, mae'n edrych fel petai'r Haul yn symud ar draws yr wybren yn ystod y dydd.

6 o'r gloch y bore	Canol dydd	6 o'r gloch y nos

Dwyrain   **Gorllewin**

Rhowch X ble bydd yr Haul am 9 o'r gloch y bore.

Rhowch X ble bydd yr Haul am 3 o'r gloch y prynhawn.

Beth i'w wneud

Mae cylchdro'r Ddaear yn gwneud i gysgodion symud yn ystod y dydd.

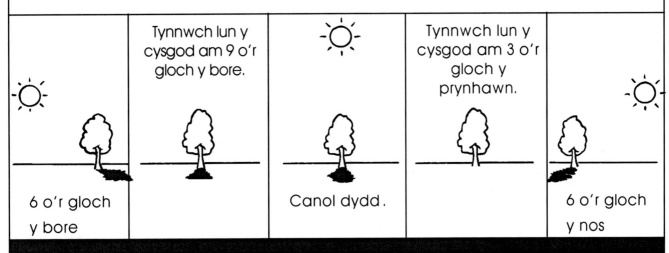

	Tynnwch lun y cysgod am 9 o'r gloch y bore.		Tynnwch lun y cysgod am 3 o'r gloch y prynhawn.	
6 o'r gloch y bore		Canol dydd.		6 o'r gloch y nos

Meddwl a gwneud

Sut allwn ddefnyddio deial haul i ddweud yr amser?

. . . .

Dyddiau, misoedd a blynyddoedd

Darllenwch

Mae'r Ddaear yn cylchdroi o amgylch yr Haul.
Mae'n cymryd blwyddyn.

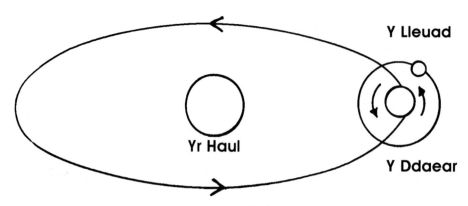

Y Lleuad

Yr Haul

Y Ddaear

Mae'r Lleuad yn cylchdroi o amgylch y Ddaear unwaith pob 28 diwrnod.

Mae'r Ddaear yn troi ar ei hechelin unwaith pob dydd.

Beth i'w wneud

Atebwch y cwestiynau hyn.

Enw un cylchdroad y ddaear yw . . . .

Sawl diwrnod sydd mewn blwyddyn? . . . .

Sawl diwrnod sydd ym mis eich penblwydd? . . . .

Meddwl a gwneud

P'un o'r rhain sy'n **seren**?

P'un o'r rhain sy'n **sateleit**?

Y Ddaear . . . .

Yr Haul . . . .

Y Lleuad . . . .

Oes gan unrhyw blaned arall leuad? . . . .

Gweithgareddau Ategol **Deall Prosesau Ffisegol**

©Roy Purnell, Janet O'Neill, Alan Jones ac Alwena Power

Y Tymhorau

Darllenwch

Mae'r Ddaear yn cylchdroi unwaith y dydd ar ei hechelin. Mae'r echelin yn gogwyddo fel bod pegwn y Gogledd yn agosach i'r Haul yn ystod yr haf a phegwn y De yn bellach i ffwrdd.

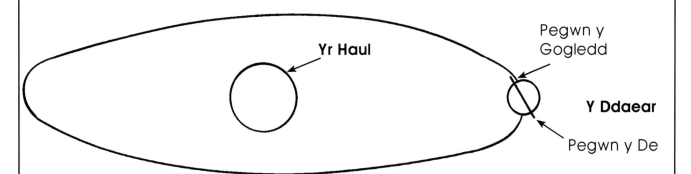

Yr Haul

Pegwn y Gogledd

Y Ddaear

Pegwn y De

Beth i'w wneud

Creuwch fodel i ddangos hyn (neu dangoswch ar y diagram uchod). Dangoswch leoliad y Ddaear yn y gwanwyn, haf, hydref a gaeaf ym Mhrydain.

Er enghraifft:

Pêl dennis

Mwclis bren ar lanhäwr pibell

Haf ym Mhrydain

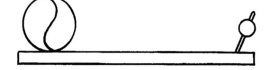

Gaeaf ym Mhrydain

Meddwl a gwneud

Pam mae hi'n oerach yn y gaeaf?

. . . .

Pam mae hi'n aeaf yn Awstralia pan fydd hi'n haf ym Mhrydain?

. . . .

Geiriau gofod

Beth i'w wneud

Dewch o hyd i'r geiriau a ddefnyddiwn i siarad am y gofod a'r wybren.

Mae'r geiriau wedi'u rhestru o dan y grid.

h	a	g	o	l	n	s	s	e	r
u	l	o	b	r	u	e	t	r	e
g	o	f	o	d	w	r	o	e	n
o	p	o	c	r	y	e	d	r	y
c	l	d	ll	s	b	n	p	l	a
d	a	e	a	r	r	y	h	n	t
i	n	ch	t	ll	e	u	a	d	n
ll	e	u	c	u	n	g	u	i	s
e	d	f	h	m	t	w	l	y	m

wybren   gofodwr

seren   gofod

haul   planed

lleuad   daear

Gweithgareddau Ategol **Deall Prosesau Ffisegol**

©Roy Purnell, Janet O'Neill, Alan Jones ac Alwena Power